공손한 시간

차행득 시집

시와
사람

공손한 시간

2025년 8월 25일 인쇄
2025년 8월 30일 발행

지은이 차행득

펴낸이 강경호 편집장 강나루 디자인 정찬애
펴낸곳 도서출판 시와사람
등록 1994년 6월 10일 제 05-01-0155호
주소 광주시 동구 양림로119번길 21-1(학동)
전화 (062)224-5319   E-mail jcapoet@hanmail.net

ISBN 978-89-5665-783-7 03810

값 12,000원

＊잘못된 책은 구입하신 서점에서 바꾸어 드립니다.
＊지은이와의 협의로 인지를 붙이지 않습니다.
＊이 책은 광주문화재단 예술육성지원의 후원을 받아 발간되었습니다.

이 도서의 국립중앙도서관 출판예정도서목록(CIP)은
서지정보유통지원시스템 홈페이지(http://seoji.nl.go.kr)와
국가자료종합목록 구축시스템(http://kolis-net.nl.go.kr)에서
이용하실 수 있습니다.

ⓒ 차행득, 2025
이 책의 저작권은 저자에게 있습니다.
저작권에 의해 보호를 받는 저작물이므로
출판사와 저자의 허락 없이 무단 전재와 복제를 금합니다.

공손한 시간

■ 시인의 말

터울을 뒀어도 우량아는 아니었습니다.
그 고지를 시詩에게 묻고 또 묻습니다.

2025년 8월
차행득

공손한 시간 / 차례

시인의 말 · 7

제1부 그녀 혹은 그녀 앞의

16   첫
17   그때
18   다마내기
20   고가구
21   도대체
22   너와 나의
24   띠꽃 향기
26   그녀, 혹은 그녀 앞의
27   봄날
28   너
29   묵
30   시클라멘
32   10월
33   그 부부의 화합 비결
34   이런 것도 물음이 되나요
36   와온
37   내력

제2부 살가시에 찔리다

괄호 속 살이 40
말의 벌판 42
모고해 44
둥글다는 말 45
살가시에 찔리다 46
슬픔 없는 향기 48
그럭저럭 50
말의 풍경 51
자기야 라는 말 52
노력하는 하루 53
뿔도장 54
사이시옷 56
산 아래 높은 산 58
답서 60
소혼消魂 62
로또 공감 64

제3부 공손한 시간

66 민들레는 민들레
67 고추지
68 공손한 시간
70 국 멸치
71 누룽지 인생
72 불면
73 산사 한 채 입적에 들어
74 애기별꽃을 바라보는 일
75 노점의 노인
76 굴비 이야기
77 통닭콩닥
78 화북동 4440번지
80 간이역
81 회오리치던 바다
82 익숙한 낯섦
84 꾸꿈스런 꿈

제4부 안드렁물 후렴구

비자나무 숲에서 86
가을에서 여름을 본다 87
달맞이꽃의 시간 88
섬과 섬 사이 89
슬하의 10월 90
성산일출봉 안개 일출 92
삐비꽃 94
일몰 95
안드렁물 후렴구 96
엇박의 가을 98
타임 캡슐을 열다 100
칠산바다 102
우두커니 103
여인송 104
단풍 속에 남아있는 105
묵언 수행 106

작품론
107 존재의 규명과 관계의 시학 / 강경호

공손한 시간

제1부
그녀 혹은 그녀 앞의

첫

맨 앞이라 말하기 위해 쳇소리 내는 혀가

누군가의 앞을 가로막고 무언가를 강조하는 일을
서슴지 않던

머리말

그ᄢᅢ*

붉게 번져 흐르는 아파트 뜨락의 물결

영산홍 무리 속에 표류하는 흰철쭉의
열꽃으로 피어오른 격렬한 몸짓이
앞 동 뒷 동 누나들을
여자라 불러보고 싶은가 보다

거센 풍랑 속을 거스르며
꿈속을 헤엄쳐 오던 그는
어느 영지에 가 닿았을까

나도 모르는 상처에 몸이 아팠을
흰 철쭉 한 송이의
그ᄢᅢ

* '때'의 옛말인 'ᄢᅢ'는 15세기 문헌에서부터 나타는 '때'의 이형태이다.
 이형태란 환경에 따라 글자 모습이 달라지는 것을 뜻함. (ᄢᅢ-〉 ᄟᅢ-〉 ᄯᅢ-〉 때)

다마내기

기억이 아직 맵다

멀구슬나무 보랏빛 향기 짙던
오월

슬픔이 무언지 제대로 알지 못한
열한 살

네가 남겨 놓고 간
네 글자

다 · 마 · 내 · 기

누가 먼저 붙였는지 반 친구들이
그렇게 불러 주었다

서울말같이 순하고
사슴처럼 맑은 눈망울
동글동글했던 얼굴이
양파 속살처럼 참해 보였다

〉
새끼손가락에 꽃물을 함께 얹고
성과 본이 같아서 자매 같았던 너

빈 책상 위에 풀꽃 한 움큼 꺾어다 놓았다

매운 봄날!

고가구

골목 어귀에 버려진 고가구 한 짝
굴신도 못 하게 쑤시던 삭신마다
세월의 때 낀 자국마다 빛이 난다

한때 팔작지붕집 초례청 가장자리서 스란을 끌었을 매무새
물간 패랭이꽃처럼 쓸쓸해 보인다

그 쓸쓸함이
살아온 무게를 털어버린 죽은 새의 깃털처럼 가볍다

소나기 한줄금 긋고 가듯
해 떨어지면 그림자 사라지듯
장중한 어른의 삶이 저다지도 추레하다

곁을 지킨 강아지 한 마리 머리 위로
날개를 펼친 부전나비 한 마리
날아간다 어디론가

도대체

이토록 풍요로운 결핍은 또 무엇일까

하얀 빨래 널어 말린
고향 풍경 같은 조팝꽃
니것 내것 따지지 않고
함께 흔들리고 함께 휘청인다

두텁게 순응하는 무채색의 핏줄들
더할 나위 없는 희디흰 꽃 가지 너머
고목처럼 우직했던 큰 오라버니 볼 수 없고

밤새 물레살 튕기던 어머니
하얗게 멍든 마음에 먹장구름 되어 피어난 봄날
시린 이마를 짚고 갔을 그림자 남아있는
이 봄하늘, 가득 넘치는 풍요 속의 결핍 같은
새하얀 그리움으로

너와 나의

가고 있는 시간을 돌려 앉히면

침상을 벗어난 비틀거리는 관절에서
바람과 바람이 부딪치는 소리가 난다

生들이 갈잎으로 쌓인 도심 속
자동차 바퀴를 쫓아 미친 듯 날뛰는 모습을
한동안 바라보며 서 있기로 한다

갈잎을 들썩이게 하는 것은 바람의 소행
나를 들썩이게 하는 것은 갈잎의 일이다

너와 나는
서로가 서로에게 주어진 운명이기 때문이다

내게도 영향을 주기에 확실한 바람의 일이란
생의 모서리에서 배회하는 갈잎의
모자를 들썩거려주는

너는 나의 에너자이저

〉
낡아가는 우리를 사랑하기로 하는
나와 너의 일

띠꽃 향기

땅바닥에 튕기는 빗방울 바라본다
누군가 남긴 발자국에 울 엄니 눈물 고였다

어디다 묻었는지 몰라
가슴에 불도장 찍힌
마당 가 아장거리던 발자국
큰비 지나가도 씻기지 않았다

세 살배기 놀던 웃음 자리
별들이 놀다 가고 달빛이 머물다가 간

지난 얘기 꺼내 들면 말본새 없는 핀잔이나 들을까 봐
늘그막에 느는 게 잔소리뿐이라고
귀담아듣지 않을까 봐
함부로 내긋지 못한 동기간의 사연을
막내동서와 마주 앉아 들거니 맺거니

울컥 목이 메어서
애먼 손톱만 물어뜯었다

뻘기꽃 허옇게 핀
선한 초여름 밤 이야기

그녀, 혹은 그녀 앞의

한 번의 만남을 위해
긴 줄을 서야 했다

기쁜 듯 슬픈 듯
희대의 미소에 이끌려 바라보면
액자 밖의 시간은
둘둘 말려 방부처리 된 벽 속의 표정만큼으로
역력했다

해와 달을 보기 위해 고개를 들거나
시선의 각도를 추호도 이탈하지 않은 여자는
단벌의 침묵만으로 뭇시선을 압도한다
미동 없는 동공의 엄연함으로
자신이 남겨야 할 마지막 표정까지 완성한다

한 컷의 감정만을 끝까지 묘사한
그녀의 뒷모습이 살짝 궁금해지는 잠시나마
누구인들 아무것도 알아내지 못한
모나리자

혹은 모나리자 앞의

봄날

낯선 아기가
뒤뚱거리며 내 앞으로 다가온다

웃는 입도 둥글고
말소리도 둥글고
어그적어그적 짊어진 똥 기저귀도
봄 하늘 낮달같이 둥글다

기지개 켜는 새순의 눈웃음이
물레방아 앞으로 나를 끌고 가
물속의 맑음이 무엇인지 가리킨다

하얀 배냇니 드러내며
가짜 없는 진짜가 무엇인지 가르쳐 주는
햇살의 꼬리가 눈에 부셨다

너

너무 빠르면 넘어지고
너무 쉬우면 함정이다

자꾸 선을 넘는다

힘이 넘치면 오만이다

이 무참한 봄을 보내며
무릎을 꺾는 꽃의 비명을 들어라

삶의 또 다른 이름은
너였다

묵

쓰고 떫고
짭짤한 생의 오지랖

보풀들 다 걷어내고

경전처럼 삭여낸
끈끈한 속살의 결정들만
파리한 떨림으로 부둥켜안아

서로의 시린 등을 다독여 주고 있다

시클라멘

둘 자리 없다 극구 만류에도
강제로 떠밀려온 시클라멘
비좁은 발코니에서
그랬던 나를 같잖게 쏘아보듯
곧은 꽃대궁 툭툭 피워 올렸다
낯선 곳에서 향기 내는 일 수월할 리 없으련만
주변이 환해지도록 애쓰는 중이다

모두 잠에 들 때 하늘을 빨아 넣고
모두 쉬고 있을 때 어디로 튈지 모를 공처럼
당찬 그녀의 기운 받아
한겨울을 이겨내고 있다

알프스를 떠올린 요들송처럼 청량한 몸짓에서
쉼 없이 피워 올린 엄격한 향기 의식
코로나니, 한파니 펑곗거리 앞세워도
그녀의 겨울은 봄날처럼 따스해서
그 사랑을 맞장구쳐 준다
〉

고단하다는 말이 혓바늘처럼 까슬거려도
향기에 찔려 옴짝달싹 못 할 꽃 봄
그 시간을 어여삐 머금은 꽃집 아씨

10월

왼쪽 가슴의 난간을 짚고 그 옛날 주조장집 사내아이 같은 또래의 바람이 막 지나갔다 아직도 달지 못한 창들이 남아있는 사람들은 하늘이 높다고 가끔 딴짓을 한다 가을 하늘이 아름답다고 말하는 이도 더러 있겠거니

그 부부의 화합 비결
- 쌍향수

서로에게 기대이는
변함없는 믿음으로

팔백 년
눈 깜짝할 새 흘러갔던
티격태격 깨소금 볶는 봄밤
부러운 눈길들 속으로

이런 것도 물음이 되나요

바라보았을 뿐이에요
별다른 흑심 없이 마주쳤거든요

사생활 침해 혐의라니요?

데이터 통신망 등에 배포한 일 없어요
관심을 빙자해 불편을 주는 행동도 아니에요

권리 침해 같은 물리적 행위는 더더욱 아니지요

굳이 말하자면
계절마다 저장했던 한 컷의 사진과 마음 들뜰 땐
영상 한 편씩 남겼던 게 전부였으니까요

매일 아침 첫인사 나누는 숲에 선처를
부탁이라도 해야 할까요

어떤 종의 무리인지 몇 마리 들고나는지…
득세하는 까치 무리와 버금가는 직박구리들
계절이 바뀌면 매미 소리도 공생하겠지요

〉
  드센 종들 사이에서 눈치껏 사는 딱새에게는 눈길이 더 가지요

  눈길이 가도 쓰다듬어줄 수는 없어요
  그렇지 않나요?

  중2병 앓고 있는 옆집 아이가 자꾸만 사랑스러워요
  겨드랑이로 파고드는 직박구리도 가만히 견디어주고 싶어요

  아침 준비를 위해 날아가는 저들의 행로가 궁금해져요

와온*

끝까지 진을 빼고 가자니
자꾸만 뒤돌아봐질 것 같았는지
달이고 달인 오후의 불씨 몸부림치다가
구름 한 자락 살포시 끌어와 물을 들인다

말로만 들어왔던 와온,
등 뒤를 한참 동안 바라보다가
생략한 표식을 애써 접어 넣었다

어둠을 잉태하고 다시 산란할 해가
주머니 속에서 고물고물 태동 중이다

저녁은 슬그머니 깊어져 가고
진종일 다리품 팔던 앵글들

산다는 것도 싱거운 뭇국 같아서
때로는 와온의 해안도 가까운 곳일 수 있었다

*순천만 일몰이 아름다운 해변.

내력

  인기척에 자세를 가다듬듯 흩어진 마음을 정갈히 정돈한 갈대의 뼈대, 깡마른 몸짓으로 새로 나온 이파리들의 지탱을 도우려고 자빠지지 않고 서 계신다

  너무 꼿꼿하지도 비굴하지도 말라고 바람을 탓하지 말라 하신다

  속으로 속으로 울어야 하는 발 묻고 서 있는 곳이 딱 좋은 곳이라 하신다

  모두 다 떠난다 한들 모든 게 끝나는 게 아니라고 갈 때는 가더라도 뿌리는 사라지지 않을 거라 하신다

  갈대의 내력이라 하신다

제2부
살가시에 찔리다

괄호 속 살이

성도 버림
이름도 버림

부모도 고향도 버림
형제도 친구도 버림

아파도 아프지 말아야 했다

차려입은 명절은 없고
널린 일만 천층만층

휴가도 휴무도 없이 무급 천직

센 불에 그을리고 찌그러진 양푼같이
백 번을 잘해도 한 번에 무너지는
뒷담화와 억측들

때로는 이탤음 같다가 더러는 알 수 없는 숫자였거나
무분별한 외래어 표기 같다가
기호처럼 부연 설명이 난해했던 삶

느닷없는 길흉의 뜻풀이가 되기도 하고
집안의 뒤 페이지쯤에 붙여진
부록 같은 사연들

묻히고 싶지 않아도 그 울타리에 묻혀야 하는
시詩집 아닌 시媤집에서
여자의 생각 따윈 송두리째 떨어져 버린
불임의 밤송이 같은

괄호를 헤치고 나와야만
詩集 속에서 간혹 발견되는
느낌표나 물음표가 거기 있었다

말의 벌판

리모컨이 중앙 통로를 여는 순간
소리들의 놀이가 시작된다
크게 벌어진 목구멍 속에는
육하원칙을 과장한
힘과 욕망의 연결망뿐이다

말 위를 맴도는 기묘한 무음의 거미줄들

순간만 살다가 소진될 충동어가
흔들어 놓은 오늘은 황무지 속에서
어제가 오늘이고 오늘이 내일이 되는
소리들

이쪽도 저쪽도 아닌
나의 귀는
언쟁의 각축장이 되었고
더러는 뱀의 혀처럼 교활한 언어의
몽상가들로 북적인다

그들의 계략 앞에

난독으로 똬리를 튼 나의 그
말의 벌판에서
이방인의 하루가
허름한 당나귀 등에 업혀
건너오기도 하였다

모고해

고해소 앞에 섰다
철벽같은 비밀을 절대적으로 믿으면서도
말문을 열지 못해
한 문장도 꺼내보지 못하고
속절없는 고뇌를 흘려보냈다

신 앞에 선 나를
이기지 못한 방종한 오만
일파만파 긴 긴 시간 모고해

끝끝내 그곳에 이르지 못함으로
무거운 죄의 덧게비 더 두텁게 짊어졌다

울컥 솟구치는 신열,
막막한 사위
너덜거린 내 허물 위로 내려 쌓인
새벽의 눈길을 홀로 나선다

둥글다는 말

남편의 부고를 전해왔다
좀처럼 무너지지 않던 그녀였지만
그와 함께한 진눈깨비 내리던 옛일을 생각할 때
물코만 풀어야 할 울음으로 먼 산을 바라보는 일
무섭고도 어려웠을 거라는 생각이 깊었다

의연해 보이려는 안색을 살피다 돌아올 때
무겁기만 한 발목이었다

사나흘쯤이야 덤벙덤벙 넘기겠지만
문을 열 때마다
얼기설기 웅크리고 있을 슬픔과 외로움들
자꾸만 어른거릴 텐데

모두가 둥글게 살라고 말들 하지만
그녀에게 둥글게 사는 일은 어지러워져야 하는
일 같아서

그저 생각도 없이 입에서 흘러나온 말
그럴 수만 있다면 다시 주워 담아 오고 싶었다

살가시에 찔리다

바닥을 훔치다
가시에 찔린 손가락 욱신거린다

손톱 주변을 정리하다 생긴 소스라침의 순간
눈엣가시처럼 날카로운 가시랭이가
그새 가시가 되었다

변방으로 내몰린 후
학연과 지연을 다 끊어내고 침략자 되어
다시 내 살 속으로 파고들었다

뽑아내려는 애착을 가질수록 깊숙이 박혀
아픔만 깊어진다

내 안에서 근근이 숨 쉬던
무수한 삶의 편린들이
가십거리가 되어 돌아왔다

내가 버린 것은, 다시 내 것이 아닐 텐데
지나간 사랑은 아픔일 뿐

다시 사랑이 아닐텐데

무심코 뱉어낸 말이 날 선 가시가 되어
찌르고 할퀴고 야박한 와영역*이 되었듯이

*와영역渦領域: 방풍림에서, 바람이 부는 반대쪽에서 바람이 소용돌이
   치는 영역

슬픔 없는 향기

생전에 남의 앞만 비추느라
핏줄 나눈 동기간에겐 빛은커녕
맹물 인심 한번 써 본 일 없이
엄격하기만 하던 큰오빠

얼마나 껄적지근했으면
저리 환한 웃음 선사하고 있을까

단단한 대들보 하나 세우기 위해
허둥거린다는 걸 뻔히 알기에
볼멘소리 한번 없이
애써 무심한 듯 모른 척만 했었다

강동 팔십 리는 갈*것 같던
웃음꽃 울타리 그늘 내막에서
한 점 슬픔 없이 묻혀 지낸 세월이
상현上弦처럼 환하고 향기로웠다고,
마지막 귀엣말 전하던 날
〉

떨리는 내 목소리에
어깨를 들썩이며 흐느끼던 오빠
저리 환한 웃음으로 눈앞에 둥실 떠 있었네

* 쌓은 덕의 그늘

그럭저럭

저녁을 먹고 난 후
집 뒤의 공원길 나섰다

까르르 웃던 아이들 다 떠나고
저물어가는 한 남자를 닮은 듯한
노숙 중인 왜가리 한 마리의 실루엣이
밤, 낮을 껴안고 몸부림친
헐벗은 내 시詩처럼 명료하다

그럭저럭한 하루의 끝

말의 풍경

집을 나설 때 뒤통수에 꽂힌 말이
물고 놓아주질 않아

힐끗거리는 시간만 지나와 저무는 오후

찌르는 송곳 같거나, 퍼렇게 날이 선 칼날 같거나
은목서 향기마저 걸고넘어지는

말투가 헝클어진 날은
머리는 젖혀두고 눈으로만 들으려 애쓰다가

뱉는 자의 특권이라 생각하는 말의 풍경과 온도
한때는 서로에게 향하는 신호를 구했던

왼쪽 호주머니 안에 불안이
부적처럼 들어있는 것 같아서
파자마 바람으로 고궁을 활보한 치욕 같거나
개살구만 졸랑졸랑 매달린 고목 같기도 하였던

자기야 라는 말

너를 나처럼
나를 너처럼 만들어 간다는 말이지

서로의 경계를 허물고
곁을 내어주기 위해 방지 턱을 허무는
어처구니없는 일이지

너무 과하지도 넘치지도 않는
무심한 듯 한편으로 간지럼 타는 말이지

외람되지 않는 말이지

힘들어도 그 단어 위에만은
한숨을 싣지 않겠다는 말이지

지구의 중력 같은 말이지

노력하는 하루

더 나은 문장을 찾기 위해 헤매지 않을래요

꼬인 생각들을 끌어낸 감정의 쓰레기에 붙들리지도 않을래요

솔직하게 표현된 순간을 담을 거예요

얄팍한 억하심장과 변명이거나 핑계로 일관하지 않을 거예요

빈 페이지만 남겨 놓고 날짜를 놓쳐버린 일기장처럼

실망을 표현하지도 않겠어요

더 이상 욕망에 빠져 허우적거리지도 않겠어요

욕망을 욕망하는 하루의 페이지를 넘겨보는 일 하지 않겠어요

뿔도장

서랍 안쪽 먼지 속에 웅크리고 있다

이름 석 자 가슴에 새기고
아무것 발설할 수 없는 사내와
보랏빛 치마 속
조개와 해초를 키우는 여인이 흘끔대고 있다

이따금 주고받은 미소가 전부인 그와 나

아슬한 시간 속 따로 보낸 야만의 서러움이
웅크리고 있다

수십 년 묵힌 시큰거림 때문에
흔해 빠진 사랑 같은 걸 하게 되었다거나
사랑하게 되었으니
사랑하는 거라면 가책 없는 변명이 될까?

날인해야 할 한 뼘의 땅뙈기도 없었다거나
용도 폐기된 채 더부살이 같은 더부살이를 하는
너의 침묵이 참으로 미안한 나는

아무것도 가진 게 없는 할매니얼*

＊할매니얼: 레트로 문화를 즐기는 밀레니얼 세대를 지칭.

사이시옷

 점심을 먹고 난 뒤에 마주 보고 앉아 열변을 토하는 그녀의 앞니와 송곳니 사이에 낀 적상추 조각은 명사와 명사 사이 걸터앉은 시옷처럼 이빨 사이에 들러붙어 검붉은 역할을 감당하고 있네요

 누구도 선뜻 나서 일러주지 못했는데 수수방관이라고 말할 문제는 아닌 것 같아요

 사춘기에 겪은 아버지 재혼에 대한 앙탈은 엄마의 빈자리에 관한 그리움이 있었나 봐요

 가슴에 묻어둔 말의 기회를 함부로 빼앗고 싶지 않았기 때문에 장소를 옮기는 차 안에서도 적상추의 흔적은 남아있었고요

 기회 포착의 순간은 더디고 어려웠지요
 자기 생각을 곧바로 전달하는 일이 누군가의 말꼬리를 자르는 역설의 무기가 될 것 같아서였지요

 고된 삶의 사잇소리까지도 인정하고 싶었던 것인지 번

번이 기회를 날려버렸던 나도 나지만 시종일관 그녀의 곁에서 바라보는 누군가도 단어 사이에 낀 사이시옷처럼 자신을 침묵하고 있었거든요

산 아래 높은 산

방천을 쌓기 위해
휜 다리를 저춤저춤 끌고 간다

후줄근히 젖은 술주전자
담배 한 개비에 불을 붙여 피워 올릴 때
새참 같은 당신 꿈 묻지 못했다

가난의 둑을 막기 위해
잠시 앉을 새 없던 분주한 산 아래서
벼들이 옹골차게 여물때까지
갈비뼈 드러난 옆구리로 물고랑 내던
당신의 손발은 다섯 아들의 강물이었다

벗어둔 고무신에는 아버지의 고단함과 내 은밀한
슬픔이 고여있었다

강제 징용과 하루하루 생을 치러낸 슬픈 근대사였던
고단함 켜켜이 껴입고
홍수에도 까딱없던 둑이 되었던 아버지

산아래 산 같았던
오봉산 푸른 능선 꽃봉오리들
오늘은 기지개를 켜고 꽃트림을 한다

답서

  감초천궁당귀대추계피홍삼갈근숙지황백작약황기생강구기자백출백복령우슬
  '*보약이라고 약탕기에 12시간 다린 것인데 몸에 맞을런지 모르것다.*'

  군대서 보내왔던 것 이후 반세기 만에 받아 든 편지
  컴맹탈출은 했지만, 독수리 타법에 맞춤법은 일방통행이었던, 출력해서 보내온 두 줄 편지를 들고 서서 목구멍에서 솟구치는 기운을 어렵사리 삭혀 넣었다

군에서 다친 몸 평생 불구로 살아내면서도
늘 "괜찮다"고 병원 문턱을 넘나드는 걸 알고 있는데
시한부 같은 날들 속에 오히려 동생들 걱정하는
울 오빠

오늘은
천궁계피감초까지 한사코 찾아 나셨습디여-

그런데 오빠
백복령백당귀백출 백씨 문중들도 여전하지만

구기자 씨는 어디서 우리 남매 우애를 들었을께라
내 현재 상태를 자꾸만 인터뷰하자고 안하요
돌팔이 처방 단방약 덕에 동생의 겨울은 그새 약탕기 속 하루 마냥
따땃해져 부렀그만요-

소혼消魂

"다 몰라도 너는 알아"

한 생애를 돌아보는 말
함께한 시간에 대한 이별 연습의 말

대부분의 호칭이 "야"로 통했던 호기며
두 살 터울 조카를 먹여야 할 형수 젖까지 먹고 자라
세 살 버릇 죽는 날까지 버리지 못했던 사람

술에 관한 법도만큼은 확실히 전수해 준
때로는 버겁기도 했지만
온갖 주사酒邪가 흔했던 세상에서
가장 편하고 엄했던 술친구

우산 없이 비가 오면 우산이 되기도 했던
아비 父를 넣어 부를 수 있는 마지막 피붙이

때로는 오빠 같고 때로는 아버지 같았던 당신은
정신줄 다 내려놓고서도
"다 몰라도 너는 안다"라던 그 말이 목에 차올라서

손에 든 국화를 선뜻 내려놓지 못했다

한쪽인 이승 살아냈으나
다른 세상 떠나기 위해 흔들리고 흔들릴 때
누가 제일 보고 싶으냐는 물음에

"다"

멋쩍게 걸었던 빗장 여는 꺼억 꺼억 소리가 들려왔다

로또 공감

여우짓 다반사에 잔머리 굴리기 대가인
아랫사람에게 걸려 온 밤늦은 전화

무너진 한숨 소리 들리는가 싶더니

형님요, 아무개 애비
저, ㅆㅍ새끼 ㄱ새끼
더는 도저히 못살아 먹겠어요

어쩌고저쩌고
앞뒤 없는 일련의 사연들을
흥분쭈절이 모자라 광기쭈절로 몰아가다 말고
내가 듣고 있는지를 가끔씩 확인하기까지 한다

시간 반 남짓 숨죽여 들어준 대가를 청구하기로 하였다

그런데 말이야
이거 알아?

씨팔 새끼 개 새끼는
집집이 다 있는 거야

제3부
공손한 시간

민들레는 민들레

아스팔트 틈새에 피어나도
먼지 쌓인 창문 틈에 피어나도
너는 너다

묵정밭 귀퉁이에 피어나도
보도블록 틈새에 피어나도
너는 너다

서둘러 기죽지 말아라

아들아
나비 떼 봄바람 몰고 오는
저 햇살 아래 서 보아라

어디에 피어나도
어느 곳에 있어도
너는 너다

고추지

　고추지를 담는다
　소금물에 숨구멍 일갈한 고추를 넣고
　힘센 누름돌 얹었다

　보일 듯 말 듯한 구멍으로
　소금기는 배어들어
　간도 쓸개도 다 빼 준 듯 힘없이 절여진다

　주종관계도 상하관계도 아닌,
　절대 권력의 탁한 소금물
　막무가내 삼킬 수 없어
　젖어 들지 못한 독오른 고추 하나 누름돌을 박차고
　탱탱한 고추를 선보인다

　쌈짓돈 털어 쓰디쓴 소주라도 한잔 대접하고 싶은 마음 간절하게 매운맛 굴풋이 삭여 객쩍게 웃고 있는 그를 향해 가시에 찔리지 않고 알밤 주워 먹을 재간 없으니 한철 곡절 많은 사연 비밀에 부쳐두자고 익살 부린다

　그러니까 오늘은 고추김치 아니, 고추지 담는 날이다.

공손한 시간

양파망 속에서 멈춰 선 시간이 물컹 잡힌다

도려내고 먹어볼 양으로 두어 개 껍질을 벗겨 보았다
시간의 귀퉁이로 몰린 삶은 가슴에 못 박으며 사는 일인가 보다
제풀에 꺾인 수많은 하루하루
양파는 비명조차 지르지 못했을 것만 같다

뼈 있는 말이나 팔꿈치 한번 각을 세운 일 없는
부모 아래
간암으로 사선을 넘나들며 남은 생 가늠하던
어린 딸 같은 시간 앞에서
사과 한 쪽 아비 입에 넣어 줄 수 있기를
떼지 못한 눈빛으로 기도한 적 있었다

숨 다 할 때까지 서로 감싸줄 요량으로
매운 눈물 따윈 찍어내지 않는 모습은
시든 양파 같은 사람들에게도 고통의 신비*일 뿐이다
〉

물러터진 양파를 수습하다가
하잘것없는 내 비명 따위 꼬리를 감추고만 싶었다

*고통의 신비: 묵주기도 중에 해당하는 신비 중 예수님이 겪으신 수
 난의 아픔을 나누는 기도.

국 멸치

 한참을 버벅거렸다 많고 많던 식솔 그날따라 다 빠져 나가고
 시부모님과 달랑 세 식구 남아 점심상 볼 일 아득하였다
 새색시 시절 시부모님과 겸상밥 엄두가 나지 않았는데,
 눈치챈 어머님 "어짠다냐 한 상에서 그냥저냥 뜨자?" 하셨다

 눈으로 들어가는지 코로 들어가는지 모를 조심스런 밥상머리
 된장국에서 건져 놓은 멸치를 시아버님께서 집어다 잡수시면서
 "뭐든 잘 먹어야 건강해야" 하셨다

 두 여자를 거느렸지만 다디단 삶은 아니어서 위태로움을 견뎌야 했던 지난날을 쓰다듬어 보시는지 진국도 골수도 다 빠져버린 당신 생 같은 국 멸치 대가리를 한참이나 우적우적 잡수셨다 입이 짧은 며느리에게 내보이는 옐로 카드처럼 사랑처럼

누룽지 인생

물을 붓자, 불이 쫓아왔다
숭숭 뚫린 몸이 부풀었다

가장 낮은 복판에 깔려
뜨겁게 파삭거려야 했던 그녀의 삶

무슨 일로 자꾸만 풀리지 않았던 것인지
홀로 혼잣말에 말을 걸어본다

사소한 일이 발을 걸어 넘어뜨리고
뚱딴지같은 쓰나미로 익사 지경을 겪으면서
또렷했던 쌀의 기억은 다 지워냈던 걸까

뜨거운 숨마저 토해내지 못한 슬픔이
찰싹 눌어붙어
끓이면 끓일수록 구수해지자 작정이라도 하였던 걸까

축에도 끼지 못한 찬밥 덩어리가
그래도 버려지지 않을 궁리가 남아 있다면
울 언니 삶도 누룽지 인생이라 부르리라

불면

서로의 시간을 배려하다 놓친 적이 있는 사이
적절한 시간 찾지 못해 전화 걸지 못한 사이

잠은 잘 자는지, 아프지 않은지
아이들 잘 있지 같은 생각이
지나가 버렸던

밤새 토막 낸 생각을 복원하여 내비친 속뜻이
그에게 다가갈 수 있을까

반복된 그림 속에 어렴풋이 떠도는
무수한 편린들

복잡하고 소란스러운 세계는 늘 그러하여
나의 무사를 바라는 너의 하루는 교집합이리

시답잖은 채널도 이리저리 돌려보며
시시콜콜 더 나은 밤 맞기를 원했다

형태도 부피도 무게도 없는 밤을 원했다

산사 한 채 입적에 들어

기도문을 외운다

숨기고 싶은 거웃 두덩을 손으로 가린
아흔의 山寺 한 채 입적에 들었다

쏟아내고 뱉어낸 물받이의 삶이
누군가에게는 기도의 도량이기도 했던 그가
폐암 말기를 짊어지고 떠나갔다

거기, 꿈이 있던 자리에
사색 가득한 풍경도 있었고
풍성한 축제를 만들던 순간의
첫 시간도 있었겠지만
넘기 힘든 산의 문턱이 지워지고 있었다

또 다른 山寺 한 채
다시 침상을 채운 호스피스 병동

애기별꽃을 바라보는 일

만개한 기쁨이지만 다가설 수 없습니다.

그냥 그대로
그윽이 바라보는 거리를 사랑해야 할 일입니다

튕겨 나가지 않을 팽팽한 거리를 유지해야 합니다

있어야 할 자리에
어김없는 역할로 향기로울 수 있는 거리 말입니다

귀와 눈을 넓힐 줄 아는 상속자가 되기를
기도해야 하는 거리입니다

나에게서 멀어져 가는 나를 바라보는
그대와 나의 거리에서 말합니다

다시 쓰는 세상 첫 장을 열 듯 신선함입니다.

나에게서 멀어져 가는 나와 그대의 거리입니다.

노점의 노인

골다공증으로 휘어진 가느다란 발목 앞에
쪼그려 앉은 산나물 바구니
낮술 한 사발로 끼니를 건넌 불콰한 표정

그래도 비바람과 볕 줄기
한때는 내 편이었다고
그때 뜨거웠던 기억을 가지런히 진열하였다.

굴비 이야기

화폭 속 두터운 질감의 굴비 두 마리*
몸이 겹친 채 도마 위에 엎드려
평면의 삶을 살아가고 있다

결혼 선물로 왔다가 팔려 간 그림이
서울과 파리를 오가며 솟구친 몸값이 되었다지

밥상에 올라온
굴비 두 마리도
나의 가난과 희망을 오가며
수직으로 솟구쳐 오를 수 있을지

화폭 속 어느 이야기가 자꾸만 숨을 쉬며 팔딱인다

*박수근 화백 〈굴비〉 그림을 선물 받은 지인은 그 그림을 2만 5천에 팔았다가, 30년 후 2억 5천만 원에 되사서 박 화백 미술관에 기증했다고 한다.

통닭콩닥

매향동 골목에는
통닭 거리가 있다

육신의 허기를 채우고
마음의 허기도 달래는 곳

잠시 접은 날개지만
언젠가는 날아오를 사람들

그 길 들어서면
가게마다 통닭통닭
마음마다 콩닥콩닥

화북동 4440번지

있었다
제주 화북천 용천수 옆
고즈넉 둥지 틀어 바다를 일구던 사람들의
멜 후리는 소리 오간 데 없고 기원만 남아

집집 굴뚝에서 연기 피어나고
사립문도 정랑도 없는 나지막한 돌담 틈새로
바람처럼 정처럼 넘나들던 사람들의 흔적
풀꽃으로 피어있었다

있었다
1948년 4·3 제주, 진압군에 의해 통째로 소실된
곤을동* 마을

거욱대* 위 검은 돌 하나 얹는다고
의문이 풀리거나 얹힌 체증 가라앉을 리 없지만,
죽이고 불태워진 터가 있었다

잃어버렸으나 다시 찾아야 한다는
역사 지킴이 청년회장 눈에 차오른 눈물을

닦아주지 못한 내가 거기 서 있었다

있었다

모든 것을 다 지워버리려 했던 자들의
무력의 얼룩을 뼈아프게 기억하며 있었다

끝끝내 있었다

*곤을동: 4·3 유적지. 가옥이 전소되고 주민들이 학살된 마을.
*거욱대: 곤을동에 세워진 추념탑.

간이역

 옆자리 손님의 등과 옆구리가 닿을 듯한 시장통의 허름한 횟집에서 막회 한 접시와 소주병을 올려놓고 직장을 꾸리는 일이나 가족을 건사하는 일들을 조곤조곤 초장에 버무린다

 아내에게 들켜서 엉켜 버렸던 사랑 이야기며 직원 감축 한파가 불어왔던 칼칼했던 날들의 이야기 코로나로 죽었다가 겨우 살아난 회고록 한 권들이 그리 만만치가 않았다

 그들 삶 속의 매큼한 냄새는 낯선 이름의 간이역 여럿을 지나 내 삶의 일부분까지 대신 살아내 준 냄새 같았다

 시큰해진 옆구리에 손을 얹고서 늦게 도착한 기차 칸을 닮은 일행 한 사람 합석을 한다 가운데 자리는 먼저 온 이들이 다 차지하고 그는 구석 칸에 가서 앉았다

 다시 한 칸씩의 얼굴을 매단 사람의 기차가 떠들썩한 기적을 울리며 떠나기 시작하였다.

회오리치던 바다

기약 없는 내일에 흔들리지 않으려고
사무치는 밤

가난한 병사와 양민의 생사가 회오리치는 불면의 밤

죽음에 밀려드는 혼돈의 밤에

벼랑 끝 단말마적 외침과 울음으로 거세게 휘몰아치던
울돌목은
어둠을 찢어내고

가소로이 적의 헛웃음을 격랑으로 삼켜주던

명량의 봄 바다여-

익숙한 낯섦

한때 만주라 불렀던 호기심 새록새록
애국자가 된 것처럼 새겨야 한다는 사명감이었을까
뽐내고 싶은 천진한 자부심 같은 것이었을까
숨죽여 보고 또 들으려 신경을 곤두세웠다

개방된 지 오래지만 낯섦 여전히 많았던
가깝고도 먼 이국

같듯이 다른 같음에 대한 이질감을 동반한 기후는
우중충 차갑게 느껴졌다

원색 빨강 간판들이 흥흥 꼬리 치는 콧방귀같이
동질감 속 괴리를 대변이라도 하면

북한식 어법으로 맞아주는 안내원의 친절함 속에서
모든 말의 앞가지와 끝가지는 "우리"였다

"우리"

"우리민족, 우리조국, 나가는 우리분들*, 우리 친애하는 연변동포들"
  일송정에서 해란강을 바라본 우리는 그 앞에 잘 나간 분들이었다

  중견 시인들의 틈에 그럭저럭 얹혀 온 나도 그에게 묻고 싶었다
  부드럽게 자유롭고, 먼지처럼 가볍고 새롭게 나가는 우리분의
  이름을

＊나가는 우리분: '잘 나가는 분'을 뜻한 조선족의 친밀한 호칭.

꾸꿈스런* 꿈

명자꽃 올봄엔 보지 못했다
울 언니같이 향기로운 치자꽃도 못 보았다
유자꽃, 탱자꽃 모두 아팠다
이웃 영자 언니랑 마주 앉아 터지게 욱여넣을
상추쌈 한번 제대로 못 했다
철벽 방어 KF94 마스크로 혹한 같은 여름 매섭게 보냈다
아들같이 살가운 진호 씨 빵집 문을 닫았고
연중행사처럼 찾아가는 먼 거리 서대 횟집은 아예 접었다
때깔이 좀 그래도 오며가며 떨이 물건 갈아주던
노점상 할매도 보이지 않았다
만나고 싶은 친구들 이름 잘살고 있냐고
혼자서 소리쳤다
턱 빠지게 웃어 재낀다는
'테스 형' 노랫가락만 어지러웠다
땟거리 없어 굶을까 봐
바리바리 챙겨 보내준
내 동생 행수니가 언니 같았다
꿈에도 생각 못했던 꾸꿈스런 날들이 흘러갔다

* '흔히 보기 어려울 정도로 후미지고 으슥하다.'의 전남 방언

제4부
안드렁물 후렴구

비자나무 숲에서

 기억하고 있었다 내 마음 모서리에 날개가 되어 어머니의 젖 냄새로 다가온 향기 스쳐간 기억이 아닌 숙성되어 넘쳐 나온 습관같이 가슴 터질듯한 신열로 피어났다 산허리 감고 돌아 도란거리는 꽃과 나무들 소리에 밑줄을 그어 주고

 해가 바뀐 뒤에 다시 그곳에는 어김없이 꽃이 피고 새순이 돋아 열애 중인 숲과 숲의 입맞춤 갈맷빛 언어들이 끝없이 서로의 뒤를 따라나서고 있다

가을에서 여름을 본다

 차창 밖 나무들의 이파리를 본다 오후 두 시 반쯤 되었다고 할까 피부에 좋다는 달팽이 크림이나 챙겨야 할 나이쯤 되었다고나 할까
 구월도 시월도 아닌, 중간쯤

 내 나이에 딱 걸맞은 계절 안에서
 헛짚은 날들의 행적을 쫓아보는 내가
 다시 시작할 수 있는 일이 무엇인지

 가을에게 자꾸만 마음이 가서
 얼굴 빨개지더라도 머뭇머뭇 안아주고 싶다

 압구정 고급 예식장에서 환하게 웃고 있는 친구 아들은 부모 생각보다는 윤기 나는 입술이 잔뜩 찢어져 있다. 지내봐야 알 날들이 많은 초여름이다

달맞이꽃의 시간

어둠 속에 드러난 낱낱의 비밀같이
주름진 시간을 고스란히 내어놓은 꽃망울들

몇 해 전 미망인이 된 그녀의 슬픔은
기억 속에 가라앉아 꽃잎이 되었다

한낮의 열기를 비켜서서
자신의 세계를 엮어 온 시간의
흩어진 퍼즐을 맞추게 하는 꽃잎이다

밤의 무대는
달 속에 간직한 그녀 혼자만의 비밀일까?

"언니 이것 좀 봐!
달맞이꽃이 수없이 피었어"

별빛이 총총 쏟아지자
농담 같은 그녀의 밤으로 노오란 달빛을 쏟아낸다

섬과 섬 사이

　섬이 섬에 와서 또다시 섬이 되는 일은 낯섦이다 마주 보면 한 뼘이고 등 돌리면 만 리가 되는 거리를 홀린 듯 바라봐야 하는 비장함으로

　잴 수 없는 거리에서 서로의 마음 지뢰를 밟지 않아야 하는

　봉제선 없는 꿈과 현실에서 깨지 못한 부질없음인지도 너무나 그리워서 아프게 지내야 하는 일처럼 꿈같은 외식을 기다리는 일처럼

　남과 북 같은

슬하의 10월

가지 말라는 사람도
오지 말라는 사람도 없던 거리
이리 밀리고 저리 밀리다
나뒹구는 낙엽처럼 짓밟혔어
누구도 붙잡을 수 없었어
함께 짓밟혀 부스러진 낙엽뿐이었으니까
서로가 서로에게 짓밟히느라
도와주지 못했으니까

살려달라는 아우성을 듣는 귀들은
모두 죽어있었나 봐
캠핑장서 삼겹살 뒤집은 소주맛이 달달했고
수행비서가 몰고 올 세단을 기다리고
핸드폰을 바꾸느라 모두 바빴다네
폼도 잡아야 하고 증거도 없애야 하는 그들이 살아있
는 시간에
우리는 당연히 죽어야 했으니까

그러나 죽음을 살기 위해
지상의 모든 시간을 껴안은 사람들이여

중요하지도 않은 중요한 일을 위한 바쁨 때문에
지켜야 할 것들을 놓쳐버린 사람들이여

세상이 버린, 푸른 잎들 사지 잘려 나뒹굴다 검게 타들어 가던 밤
가느다란 소리의 작별이 또 다른 시작의 신호임을 아는지

당신들도 알기는 하는지
허물을 덮으려 발버둥 치면 칠수록 더욱 도드라지는 것을
죽임을 당한 말 속에 살아 있는 말의 칼날을

성산일출봉 안개 일출
- 차용현 작가의 사진

분화구에 속불 다시 살아난다
밤새 깨물었던 고요
올올 풀어낸 비밀 정원에서
빛과 어둠이 안색을 바꾸는
피돌기의 미열 오른다
천년 만에 환생하는 연꽃처럼
신령하고 형형한 요동침의 기세

비밀한 선경에 적립된 태고의 신비를
해독해 냈다

몇 날 몇 밤을 꼬박 새운 정적이
길어 올린 빛 위에 또 다른 날빛 산란한다

한 발 더
더 가까이 다가가기를 수천 번
절체절명의 순간을 방부 처리해냈다

미라의 무릎 관절에서
돋아난 뽀얀 새살이 피어났다

〉
그가 지키던
불멸의 시간이 빚어놓은 화엄 정토에
한 여인이 삼켜내던 독수공방
설움 깊은 속내 무지개로 떠올랐다.

삐비꽃

2년을 앞서가신 아버지가
어머니 상석에 제사 음식 올리는 모습을
꿈에 본 아들
한달음에 묘소 찾아 머리를 조아리다
뒤통수가 땅겨서 돌아보니
하얀 어머니가
가늘가늘 흔들리고 있습니다

비자나무 돌배나무 그늘에서
찬밥에 물을 말아 허기를 때우시던
어머니가

바람이 불어오자
서둘러 허공에 흩어지며
아그들아 밥 잘 먹고 간다고
가뭇없이 훨훨 날아가셨습니다.

일몰

노을처럼 눈부심은 아닐지라도
피골상접한 낙엽들 다 쓸어내리고 난 후

가끔은
그래도 아주 가끔은

숨죽여 묵혀둔
진실 같은 것을
꺼내 보여 줄 수 있다면 좋겠다

우리들
남은 날의 뒷모습에서라도

안드렁물 후렴구

-안드렁물 표시판-

이곳은 곤을동 제주 4·3 잃어버린 마을 안곤을. 주민은 3단으로 나뉘진 이 물을, 먹는 물과 허드렛물, 빨래 물로 이용하였는데 아무리 가물어도 물이 마르지 않았다고 한다. 현재는 식수로도 이용할 수 없지만

물 긷고, 방망이질하던 아낙들은 어디로 갔을까

그럴 수만 있다면 하얗게 지우고 싶은 4·3 제주의 기억

흑백 사진 속에 흐르는 안드렁물이 고통스러운 기억으로 붉게 변한다

총살당한 아비를 두 눈으로 보고도

소리 한 번 지르지 못하고 눈물만 흘리던 질식의 시간

불타버린 마을 빈터엔 개망초가 떼 지어 피어

울타리 담장 침묵의 둘레를 넘는 바람 소리

안드렁안드렁

목이 메인 채 흘러가는 안드렁물의 세월

엇박의 가을

강화도 평화전망대에서는
눈빛조차 직선으로 뻗지 못해
포물선으로 굽이져 돌아 나간다

누구의 문장으로 인해 헝클어진 규칙인지

저마다 정박正拍이라 하지만 결국 엇박이 되는 이치에서
여한 따위는 끼어들 틈조차 없는 것인지

반짝, 득달같던 탄력에 닿을 듯하다 더 멀어져 버린
비밀화원의 교태는 또 무엇인지요

얼마나 더 포기를 포기해야 다가설 수 있을지
두고 온 세간은 여전한지요

그런데 말 이예요
시끄러운 엇박은 당김음을 만들 때 특수효과를 낸다고 해요
그 속의 무너진 갈등을 공명이라고 삐딱하게 말하지 마세요

고도의 당김음은 앞으로 나아가려는 힘을 갖게 될 테니까요

　저쪽에서 유쾌한 농담 걸어오면 경쾌히 받아 적어
수위를 높이고 진탕나게 웃어볼 날 있겠지요

　엇박의 가을 겨울이 담을 헐어
갈라놓은 이전의 것들과 이후의 것들에
역동적 리듬감 매력을 부여해 줄 날 있겠지요

　말벗조차 없는 망향 카페 무명 가수 여전히
가을엔 편지를 쓰겠노라 읊조리고
낮달은 여전히 짧은 발목으로 서성이고요

타임 캡슐을 열다
- 막고굴*

낯선 이의 손을 잡고 빚 대신 따라간 아이의
멀어져 간 뒷모습을 바라보며 눈물 흘린 아비가 있었다네요

한 입이라도 덜어내야 할 것 같기에
출가한 맏이도 있었고요

죽음을 앞둔 노승은 그곳에 들어
최후를 맞이했다죠

이름 없는 이들의 기원에 귀 기울였던 막고굴은
시간의 무덤이 되어 실크로드에 살아있어요

가난한 이들의 피신처였던 그곳이
이젠 비싼 입장료를 내야만 들어갈 수 있는
사막의 꽃으로 피어 있네요

긴 줄을 늘어선 속삭임들이 들리네요
 〉

부자와 가난한 자
안과 밖의 경계
공간으로 들어간 내가 나만의 시간 속에 머물러 보네요

물과 같이 바람같이 흘러가는 정처 속에 찍혀있는
마침표 같은 길을 잃은 이들에게 빛이 되어준 막고굴

＊규모가 낙신대불 다음이라는 막고굴의 둔황 불상이 있다.

칠산바다

공평한 풍경에 홀려
붉은 노을 전망에 들면
어디로 가야 할지

까마득한 날에 대한 답이
은빛 조기 떼처럼

여기에선 그 조구*를
굴비라고 부른다

*조기를 뜻하는 전라도 입말.

우두커니

함경도와 연변을 잇는 다리를 바라본다

한 발 건너면 다다를 짧은 거리, 너무 먼 땅
궤도를 일탈하고 싶은 은밀한 욕망이 아우성친다

울 만큼 울고 기다렸을 실향민
머지않아 고향이라는 말 마저도 잊혀져야 할까

속울음에 잠겨버린 발을 빼내지 못한 나는
목석같이 서 있는데

동구 밖 시냇물을 건너듯 무심히 건너고 싶다가
못다 본 것들은 돌아오는 길에 다시 돌아다보게 했던

우두커니

여인송*

  미끈한 하체 드러내고 물구나무선 여자

  검푸른 바다를 전전한 사랑을 기다린 긴긴 세월이 까발려졌습니다

  가장 빛나던 시절, 밖에서만 보낸 사람은 돌아올 기미 없는 것인지 돌아오지 못한 것인지…

  열리고 닫히는 바닷길만 반복합니다

  지척에 있어도 닿지 못한 그리움일까?

  파도소리 너머 저물어가는 석양 여인의 아픈 속내를 기워주고 싶었습니다

  알몸으로 시위 중인 스스로 낸 그 길은
  더 이상 발기고 벗기지 말아야 할 전설이었습니다

*신안 자은도 해변 물구나무선 전설의 소나무

단풍 속에 남아있는

산사 벤치에
청려장에 의지한 망백望百 노구
지는 단풍 바라보신다

푸른 뺨 스치던 바람 이야기나
알탕갈탕 지나온 길이나
호락호락 않던 생의 지문들과
무시로 들락거린 흑백 기억들
모아 모아 바라보신다

그 사이 어깨를 겯고 살아온
해묵은 연민은 떠나보내고
멍들고 패인 시간과 고비들이
붉게 물들었다고
꽃이 된 붉음이라고
깊어진 눈빛

저물 듯 환하게 웃는 모습
홍조 띤 양 볼 곱게 머금고 남아 있는 당당함

반백 년은 더 팔팔할 것처럼

묵언 수행

밋밋한 날 오후
차 한 잔 앞에 놓고

풀어야 할 것
씻어야 할 것
풀고, 지우고, 버리고, 다잡고

내 안의 물꼬 트이면
내 심장을 에둘러 흐르고 흐르던

푸른 찻잔 하나 앞에 두고서

작품론

존재의 규명과 관계의 시학
- 차행득 시집 『공손한 시간』

강 경 호
(시인, 한국문인협회 평론분과 회장)

1.

서정시는 궁극적으로 인간의 삶을 향한다. 그것은 가치 있는 삶을 추구하는 인간의 윤리와 맞닿기 때문이다. 어떻게 하면 인간다움의 위의威儀를 지닐 것인가라는 질문에 대답을 구하는 것이 인간의 본성으로 생물학적 생존만을 향해 욕망하는 뭇 생명체와는 다르다.

차행득 시인의 두 번째 시집 『공손한 시간』은 이러한 서정시의 본질에 충실하다. 이번 시집에서 특히 주목하는 시편은 말에 관한 탐구이다. 말이 지닌 소통의 기능을 넘어 말의 미묘한 감각을 통해 시인의 정신성과 그 정신성이 지향하는 세계를 읽어내기도 하고, 때로는 존재를 규명하는 수단이 되기도 한다.

실존을 탐구한 시편들에서는 시인의 정신이 지향하는 세계를 진중한 음성으로 진솔하게 고백하는데, 감정을 억누르고 욕망하지 않으려는 품성을 보여준다. 그러나 인간의 한계를 극복하는 일은 지난한 것이어서 반성과 성찰의 태도를 갖는다. 근원적으로 삶과 자신의 존재를 조망하며 올곧은 방향성을 제시하고자 한다.

그리고 이번 시집에서 버거워하면서도 담백하게 토해내는 가여운 목소리는 현실에서 만나는 여성으로서의 타자성을 드러내는 시편들이다. 여성의식, 세계의 경험들을 통해 아직도 우리 사회가 완전히 인정하지 않는 남성과 여성의 차이에 대해 미학적 경험으로 후기 근대의 풍경을 그려내고 있다.

떨쳐버릴 수 없는, 떨쳐버릴 수 없어 껴안고 있는 가족사가 고통스럽게 여전히 시인의 의식에 갇혀있음을 보게 된다. 그러나 가족을 바라보는 시인의 시선이 뜨거운 것을 역설적으로 그의 시가 전통적인 서정抒情을 간직하고 있어 반갑다.

말과 실존, 그리고 여성성과 가족사는 얼핏 보기에는 연관성이 없는 것처럼 보이지만 시적주체의 존재를 규명하고 관계와 관계의 간극을 촘촘히 이어주고 있다는 측면에서 근원적으로 인간의 삶에 대한 탐구라고 할 수 있다.

2.
실존은 말의 옷을 입을 때 비로소 존재한다. 말이 처음 생겼을 때는 순수했지만 인간의 역사와 함께 타락하기 시작하였다. 인간이 타락했기 때문이다. 시인은 언제나 어린아이처럼 새로운 말을 찾는다. 때묻지 않은 말을 우리는 '날[生]것의 언어'라고 한다. 또는 '언어 이전의 말'이라고 부른다. 시인의 말에 관한 탐구는 더렵혀진 말에 대해 성찰하고 순수한 언어로의 회귀를 시도한다. 이러한 그의 말은 삶에서 만나는 날카로워진 말, 욕망하고자 하는 말, 뒤통수에 꽂힌 말, 이빨 사이에 낀 적상추 같은 말의 감옥에서 벗어나고자 한다. 그러므로 「첫」에서 책의 '머리말'조차 "누군가의 앞을 가로막고 무언가를 강조하는 일"을 "쇳소리 내는 혀"라고 말의 순수성을 강조한다.

다음은 시인의 일상에서 만나는 말의 벌판을 통해 우리사회에서 횡횡하는 왜곡된 말의 풍경을 보여준다.

> 리모컨이 중앙 통로를 여는 순간
> 소리들의 놀이가 시작된다
> 크게 벌어진 목구멍 속에는
> 육하원칙을 과장한
> 힘과 욕망의 연결망뿐이다
>
> 말 위를 맴도는 기묘한 무음의 거미줄들
>
> 순간만 살다가 소진될 충동어가
> 흔들어 놓은 오늘은 황무지 속에서
> 어제가 오늘이고 오늘이 내일이 되는
> 소리들
>
> 이쪽도 저쪽도 아닌
> 나의 귀는

언쟁의 각축장이 되었고
　　더러는 뱀의 혀처럼 교활한 언어의
　　몽상가들로 북적인다

　　그들의 계략 앞에
　　난독으로 똬리를 튼 나의 그
　　말의 벌판에서
　　이방인의 하루가
　　허름한 당나귀 등에 업혀
　　건너오기도 하였다

　　　　　　　　　　　　　－「말의 벌판」 전문

　'리모컨'으로 은유화된 "언쟁의 각축장"의 입구에 들어서면 "육하원칙을 과장한/힘과 욕망의 연결망"으로 이어진다. 자신의 힘과 욕망이라는 세속적이고 자기중심적인 담론이 난무하는 우리 사회의 모습은 "순간만 살다가 소진될 충동어"로 세계를 "황무지"로 만든다. 황무지는 생명이 뿌리를 내리기 힘든 불모지로 인간성이 황폐해진 세계를 말한다. 시적 화자는 이런 현상을 "어제가 오늘이고 오늘이 내일이 되는" 세계이다. 힘과 욕망으로 의미화된 현실의 기표인 '말'의 타락을 비판적으로 지적한다. 이때 시적 화자는 "이쪽도 저쪽도 아닌/나의 귀"는 타락하고 폭력화된 "뱀의 혀처럼 교활한 언어의/몽상가들로 북적인다"고 인식한다. 자본문명으로 작동하는 현대 시스템은 말의 홍수에 의해 지배되고 있다. 수많은 정보가 넘치는 사회에서 살아가기에는 너무나 지난한 시대이다. 그러므로 말의 진실을 헤아리는 시적 화자는 "난독으로 똬리를 튼 나의 그/말의 벌판에서" 헤어나기가 쉽지 않다고 한다. 즉 말이 많지만 참된 말을 만나기가 쉽지 않는 세계에서 "이방인의 하루가/허름한 당나귀 등에 업혀/ 건너오기도 하"는 것이다. 말에 시달리는 사람들의 고단한 삶이 일상이 되어버린 것이다. 이 작품은 '말의 벌판'으로 상징화된 현실에서 진실한 말 찾기가 어려운 오늘의 세태와 왜곡된 말의 풍경을 보여준다.

「말의 벌판」은 타락한 언어에 관한 성찰을 비판적인 시선으로 노래한 시편이며, 다음의 「살가시에 찔리다」는 스스로가 뱉은 말에 자신이 찔리는 자가당착自家撞着적인 말의 폭력성을 지적하고 있다.

바닥을 훔치다
가시에 찔린 손가락 욱신거린다

손톱 주변을 정리하다 생긴 소스라침의 순간
눈엣가시처럼 날카로운 가시랭이가
그새 가시가 되었다

변방으로 내몰린 후
학연과 지연을 다 끊어내고 침략자 되어
다시 내 살 속으로 파고들었다

뽑아내려는 애착을 가질수록 깊숙이 박혀
아픔만 깊어진다

내 안에서 근근이 숨 쉬던
무수한 삶의 편린들이
가십거리가 되어 돌아왔다

내가 버린 것은, 다시 내 것이 아닐 텐데
지나간 사랑은 아픔일 뿐
다시 사랑이 아닐텐데

무심코 뱉어낸 말이 날 선 가시가 되어
찌르고 할퀴고 야박한 와영역이 되었듯이
ㅡ「살가시에 찔리다」 전문

"손톱 주변을 정리하다 생긴 소스라침의 순간/눈엣가시처럼 날카로운 가시랭이가/그새 가시가 되었다"는, 시적 화자가 자신의 몸을 돌보다가 오히려 가시가 되어 스스로를 찔러 놀라게 한 사건이다. "뽑아내려는 애착을 가질수록 깊숙이 박혀/아픔만 깊어진다". 인간의 삶도 마찬가지여서 "내 안에서 근근이 숨 쉬던/무수한 삶의 편린들이/가십거리가 되"고 "무심코 뱉어낸 말이 날 선 가시가 되어/찌르고 할퀴고 야박한 와영역이 되"는 경우를 경험한다.

시적 화자는 손톱 주변을 정리하다가 오히려 가시랭이를 만들어 가시에 찔리는 듯한 경험을 스스로 내뱉은 말에 자신이 상처를 받는 경험으로 말을 삼가고 바른 말을 해야 함을 성찰한다. 사랑도 마찬가지여서 내가 버린 사랑에 상처를 받기도 한 자기 체험을 통해 아프기도 했다고 고백한다.

말은 기호이면서도 의미와 감각을 지닌다. 그러므로 말은 존재, 또는 실존방식을 드러내는 소통수단이다. 말로 상호연관성을 맺고 관계를 이어가는 인간사회에서의 말이 갖는 다양한 모습을 묘파한다.

다음의「자기야 라는 말」는 말의 감각을 통해 말의 힘을 탐구한다.

>너를 나처럼
>나를 너처럼 만들어 간다는 말이지
>
>서로의 경계를 허물고
>곁을 내어주기 위해 방지 턱을 허무는
>어처구니없는 일이지
>
>너무 과하지도 넘치지도 않는
>무심한 듯 한편으로 간지럼 타는 말이지
>
>외람되지 않는 말이지
>
>힘들어도 그 단어 위에만은
>한숨을 싣지 않겠다는 말이지

지구의 중력 같은 말이지

　　　　　　　　　　　-「자기야 라는 말」 전문

　이 작품은 짧지만 '말'의 형식과 본질을 잘 깨우쳐준다. 주지하다시피 말은 음성 기호를 통해 메시지를 전달하는 수단이다. 음성, 즉 소리는 감각적이어서 감정을 담고 있다. "자기야"라고 사랑하는 사람에게 속삭이듯이 전하는 소리는 매우 부드럽고 사랑스럽다. 그러므로 "너를 나처럼/나를 너처럼 만들어" 가고, "서로의 경계를 허물"기도 하고, "곁을 내어주기 위해 방지 턱을 허"문다. 이렇듯 "자기야"라는 말은 "너무 과하지도 넘치지도 않는" 감정이면서도 "무심한 듯 한편으로 간지럼 타는 말"이라는 인식을 하게 된다. '간지럼 타는 말'은 상대를 웃게 하고 행복하게 할 것이어서 누구든 싫어하지 않을 것이다. 시적 화자의 "자기야"라고 다정하게 거는 말이 "외람되지 않는 말"이어서, "힘들어도 그 단어 위에만은/한숨을 싣지 않겠다는" 의지가 드러낸다. 그러므로 "지구의 중력 같"아 "자기야"라고 부르는 사람과 그것을 듣는 사람의 관계는 더욱 끈끈해지는 것은 당연하다. 만약에 지구의 중력이 사라진다면 지구에는 아무것도 남아있지 않을 것이다. 더불어 모든 물체가 서로 잡아당기는 힘이 없어 오늘 지구에서 누리는 존재성 또한 없어질 것이다.

　이 작품은 '말'이 지닌 힘과 말하는 방식에 대한 깊은 탐구가 배어있다. 그리고 말이 지닌 감각속에 정신성과 감정이 실어져 있음을 잘 보여준다.

이밖에 말에 관한 탐구를 보여주는 작품으로는 「둥글다는 말」, 「말의 풍경」, 「사이시옷」이 있다. 「둥글다는 말」에서는 남편을 잃어 슬픈 사람에게 '모두가 둥글게 살라'고 말을 하지만 시적 대상에게는 '어지러워져야 하는 일'이어서 절실하게 체감할 수 없다. 말이 삶이고 실천덕목임을 깨우쳐준다.

「말의 풍경」은 말이 단순한 소리의 전달 수단만이 아니어서 뒤통수에 꽂힌 말을 통해 시적화자의 감정을 뒤흔드는 불안과 의식의 차원을 지닌 것이 말임을 인식시킨다.

「사이시옷」은 사이시옷의 기능을 말에 적용시켜 이빨 사이에 낀 적상추에 대해 선뜻 일러주지 못하는 수수방관 같은 것이고 엄마의 빈자리 같고 그리움 같아 침묵 같은 어중간함이라고 조심스럽게 말한다.

3.

앞에서 살펴본 것에서 알 수 있듯이 차행득 시인에게 '말'은 자신을 드러내는 방식이며 존재성을 인식시키는 수단이다. 결국 '말'은 관계를 경험하게 하는 미학으로 작용한다.

다음의 시편들은 시인의 구체적인 삶과 존재를 경험을 통해 어떻게 정신의 깊이를 보여주는지를 보여준다. 주지하다시피 서정시는 일상의 정서적 사건들을 보편적이면서도 시인만이 지향하는 세계를 나타내는 문학양식이다. 더불어 시적 대상인 기표記票 이면의 기의記意가 함의하는 의미를 통해 시인이 바라보는 지점과 메시지를 전달하는 고도의 전략으로 시를 전개할 때 보다 높고 깊은 사유의 폭을 확장시킨다.

> 인기척에 자세를 가다듬듯 흩어진 마음을 정갈히 정돈한 갈대의 뼈대, 깡마른 몸짓으로 새로 나온 이파리들의 지탱을 도우려고 자빠지지 않고 서 계신다
>
> 너무 꼿꼿하지도 비굴하지도 말라고 바람을 탓하지 말라 하신다
>
> 속으로 속으로 울어야 하는 발 묻고 서 있는 곳이 딱 좋은 곳이라 하신다
>
> 모두 다 떠난다 한들 모든 게 끝나는 게 아니라고 갈 때는 가더라도 뿌리는 사라지지 않을 거라 하신다
>
> 갈대의 내력이라 하신다
> - 「내력」 전문

이 작품의 핵심 시어는 '갈대'이다. 흔히 갈대는 연약한 존재로 바람에 쉽게 흔들리는 것을 의미한다. 관념에 기댄 작품이지만 그러나 갈대의 이러한 대중적 상징과는 결이 다르다. 외부에서 작용하는 힘인 바람에 흔들리기도

하지만 바람을 탓하지 않는다. "너무 꼿꼿하지도 비굴하지도 말라고" 하기 때문이다. 그러므로 "인기척에 자세를 가다듬듯 흩어진 마음을 정갈히 정돈"하는 것이 "갈대의 뼈대"이다. 뼈대는 갈대의 중심이며 바람에 흔들려도 중심을 잡는 역할을 한다. 이때 "깡마른 몸짓으로 새로 나온 이파리들의 지탱을 도우려고" 함으로써 외부의 물리적인 충격 앞에서도 의연하다. 갈대는 온몸으로 자신을 지키고 바로 서고자 함으로써 존재하는 것이다. 그럼에도 불구하고 갈대는 "속으로" 우는 나약함을 간직하고 있다. 이렇듯 "발 묻고 서 있는 곳이 딱 좋은 곳이라"며 스스로의 정체성과 그동안 살아온 내력을 밝힌다. 즉 "갈 때는 가더라도 뿌리는 사라지지 않을 거"라는 근성을 보여준다.

이 작품은 이른바 '갈대의 내력'을 통해 인간의 내면을 드러내고 있는데 시인의 태도를 비유적으로 나타내고 있다. 시는 시인의 정신성을 투사시킨 것이기 때문이다. 그동안 보아왔던 '갈대'의 생태적 특징을 시인 자신의 삶의 좌표로 삼아 보여주고 있다.

다음의 「모고해」에서는 가톨릭에서 신성한 고백성사를 제대로 하지 않는 일을 통해 성찰의 태도를 보여준다.

    고해소 앞에 섰다
    철벽같은 비밀을 절대적으로 믿으면서도
    말문을 열지 못해

> 한 문장도 꺼내보지 못하고
> 속절없는 고뇌를 흘려보냈다
>
> 신 앞에 선 나를
> 이기지 못한 방종한 오만
> 일파만파 긴 긴 시간 모고해
>
> 끝끝내 그곳에 이르지 못함으로
> 무거운 죄의 덧게비 더 두텁게 짊어졌다
>
> 울컥 솟구치는 신열,
> 막막한 사위
> 너덜거린 내 허물 위로 내려 쌓인
> 새벽의 눈길을 홀로 나선다
>
> —「모고해」 전문

시적 화자는 고해소에서 아무런 말을 하지 못하고 고뇌한다. 가톨릭신자라면 이러한 경우가 있을 것이다. 고해소 안에 신부가 신자의 고해를 듣지만 신적 존재인 하느님을 대신한다. 그러므로 죄를 숨김없이 알려 죄사함을 받는 것이 가톨릭신앙이다. "신 앞에 선 나를/이기지 못한 방종한 오만/일파만파 긴 긴 시간 모고해"에서 짐작할 수 있듯 자신이 지은 죄를 신적존재에게 숨김없이 알리지 못해 깊은 고뇌에서 벗어나지 못한다. 그럼으로써 "무거운 죄의 덧게비 더 두텁게 짊어"지는 결과에 이른다. 죄를 씻기 위해 고해소에 갔다가 오히려 신성모독의 죄가 더해지는 어리석은 존재가 인간이다. 그러므로 고해소에서의 모고해冒告解를 통해 "울컥 솟구치는 신열,/막막한 사위/너덜거린 내 허물"을 겪게 되고 보게 된다. 그리고 그 허물 위로 쌓인 "새벽의 눈길을 홀로 나"서는 시적 화자는 죄를 감춘 죄 때문에 괴로워 "새벽의 눈길"로 상징되는 죄를 씻고자 하는 마음 속의 길로 향하는 것이다.

이 작품은 차행득 시인의 경험을 바탕으로 쓴 것일 것이다. 생생하고 절실한 체험이 경험미학으로 형상화된 것이기 때문이다. 고백성사를 제대로 함으로서 죄사함을 받고, 어린아이 같은 마음으로 세상을 살아갈 수 있음을 모르는 사람은 없을 것이다. 그러면서도 죄를 짓고 살아가는 것이 인간의 어리석음이며 나약함이다. 그럼에도 불구하고 시인이 시를 통해 좀처럼 드러내기 힘든 고해소에서의 모고해를 고백하는 일이야말로 신성한 신앙고백이라고 할 수 있어, 이 작품으로 하여 시인은 세례받은 듯 죄사함과 정화되는 것이라고 할 수 있다.

「산사 한 채 입적에 들어」는 폐암 말기 환자의 모습을 통해 인생을 조망하고 있다.

기도문을 외운다

숨기고 싶은 거웃 두덩을 손으로 가린
아흔의 山寺 한 채 입적에 들었다

쏟아내고 뱉어낸 물받이의 삶이

누군가에게는 기도의 도량이기도 했던 그가
폐암 말기를 짊어지고 떠나갔다

거기, 꿈이 있던 자리에
사색 가득한 풍경도 있었고
풍성한 축제를 만들던 순간의
첫 시간도 있었겠지만
넘기 힘든 산의 문턱이 지워지고 있었다

또 다른 山寺 한 채
다시 침상을 채운 호스피스 병동
　　　　　　　－「산사 한 채 입적에 들어」전문

　아흔 살의 폐암 말기 환자를 위해 기도하는 모습을 시적 화자는 목도한다. 환자는 더 이상 보여줄 것도 없는 늙고 아픈, 그래서 뼈마디가 드러난 육신을, 마치 그가 살아온 90년 세월의 흔적, 또는 삶의 폐허를 벌거벗은 채로 보여준다. 초라한 육신이지만 한때 "누군가에게는 기도의 도량이었을, 그러나 결국 "폐암 말기를 짊어지고 떠나갔다".
　이러한 모습을 지켜본 시적 화자는 폐암으로 죽은 사람이 누구인지는 밝히지 않고 한 인간의 쓸쓸한 죽음에서 인간 존재에 대해 깊이 사색한다. '인간의 삶은 무엇인가?' 죽은 사람도 한때는 "거기, 꿈이 있던 자리에/사색 가득한 풍경도 있었고/풍성한 축제를 만들던 순간의/첫 시간도 있었"을 것이다를 생각하였을 것이다. 그러나 "넘기 힘든 산의 문턱이 지워지고 있"는 모습에서 시적 화자는 슬픔과 연민에 빠졌음을 짐작할 수 있다. 인간의 죽음은 슬픔이지만 절망하는 일이 아니라는 것도 시적 화자는 잘 알고 있다. 생로병사의 한 과정에서 죽음을 목도하며 죽음 이면의 여러 심상들에 대해 천착해 보는 것이다. 비록 죽음으로 병원 침상에서 치워지지만 그것을 산사 한 채가 입적한 것과 같은 무게에 비유함으로서 누군가의 죽음에 대해 숭고한 생명의 의미를 부여하는 것이다. 또다시 "또 다른 山寺 한 채/다시 침상을 채운 호스피스 병동"의 슬프면서도 허무한 풍경이 일상처럼 일어나고 있는 것에서 시적 화자는 존재의 가치에 대해 깊이 사색하고 있다.

삶에 대한 생각의 깊이를 묘파하고 있는 작품으로는 「간이역」, 「노력하는 하루」가 있다.

「간이역」에서는 살아가면서 일어나는 사소한 일상에서의 정서적 사건을 통해, 마치 간이역에서 기차에 오르는 사람과의 만남 같은 것으로 비유하고 있다. 옆자리에 앉은 다양한 양태의 모습을 만나지만 또다시 "한 칸씩의 얼굴을 매단 사람의 기차가 떠들썩한 기적을 울리며 떠나"는 것과 같은 것이 인생이라고 인식한다.

「노력하는 하루」에서는 시제처럼 '나은 문장을 찾지 않겠다', '감정의 쓰레기에 붙들리지 않겠다', '억하심장과 같은 변명이나 핑계로 일관하지 않겠다', '욕망에 빠져 허우적거리지 않겠다' 그래서 '솔직하게 표현된 순간을 문장으로 쓰겠다'고 한다. 정직하고 순수한 모습으로 살고자 하는 의지를 드러낸다.

4.

　차행득 시인의 시집에서 특히 관심을 끄는 것은 페미니즘 세계에 천착한 시편들이다. 우리는 성별을 막론하고 차이가 강조되는 후기 근대를 살아가고 있다. 2000년대 문학, 나아가 여성문학의 특징 중 하나가 탈주체, 혹은 성차性差에 대한 관심이 희박한, 유희하는 주체나 여성문학에 대한 담론에서 여성주체를 새롭게 위치 짓고자 노력해야 한다. 여성주체를 둘러싼 역사적·사회적 맥락을 사유하면서 현재 한국사회의 동향을 보면 여성을 둘러싼 환경들은 훨씬 더 복합적인 사고를 요한다. 그럼에도 불구하고 차행득 시인의 시는 여성의 타자성에 집중한다. 이는 여전히 우리 사회의 일면에 상존하는 문제를 드러내고 있다는 측면에서 주체의 탈근대에 관한 페미니즘적인 탐구라고 할 수 있다.

　　성도 버림
　　이름도 버림

　　부모도 고향도 버림
　　형제도 친구도 버림

아파도 아프지 말아야 했다

차려입은 명절은 없고
널린 일만 천층만층

휴가도 휴무도 없이 무급 천직

센 불에 그을리고 찌그러진 양푼같이
백 번을 잘해도 한 번에 무너지는
뒷담화와 억측들

때로는 이탈음 같다가 더러는 알 수 없는 숫자였거나
무분별한 외래어 표기 같다가
기호처럼 부연 설명이 난해했던 삶
느닷없는 길흉의 뜻풀이가 되기도 하고
집안의 뒤 페이지쯤에 붙여진
부록 같은 사연들

묻히고 싶지 않아도 그 울타리에 묻혀야 하는
시詩집 아닌 시媤집에서
여자의 생각 따윈 송두리째 떨어져 버린
불임의 밤송이 같은

괄호를 헤치고 나와야만
詩集 속에서 간혹 발견되는
느낌표나 물음표가 거기 있었다
　　　　　　　　　　　　－「괄호 속 살이」전문

전통적인 가부장제에서의 여성들의 삶은 주체가 되지 못했다. 남성 중심의 체제와 이념은 여성은 존재하되 존재하지 않는 그림자와 같았다. 이렇듯 여성을 옥죄는 가혹한 시스템으로 작동하게 한 왜곡된 관념은 근현대를 거치는 동안 많이 극복되었다. 그럼에도 불구하고 우리 사회의 그늘에는 여전히 여성은 "성도 버림/이름도 버림" 그리고 "부모도 고향도 버림/형제도 친구도 버"려야 하고, 심지어는 "아파도 아프지 말아야 했다" 여성 화자는 자신이 경험한 타자화된 주체의 상실을 열거한다. "차려입은 명절은 없고/널린 일만 천층만층//휴가도 휴무도 없이 무급 천직"이라고 고백한다. 부정당하고 상실당한 시적 화자의 삶은 인간의 존엄성이 침식당한 것이다. 그럼에도 우리 현실의 그늘에는 아직도 윤리적·도덕적 무법지대가 남아있는 것이 사실이다. 물론 이 작품 속 화자의 경험은 상흔이며 여전한 상처이다. 성姓과 이름은 존재성을 나타내는 표지인데 그것을 버린다(실제로는 버림 당함일 것이다)는 것은 인간됨을 포기하는 일이다. 더불어 '부모', '고향', '형제', '친구'조차 버림은 시적 화자의 사회적 관계의 연결망까지 끊는 것을 의미함으로 아주 중요한 것들과의 단절을 한다는 뜻이다. 그리고 끝없는 노동의 강요만 있을 뿐 '휴가', '휴무' 등의 휴식과 노동의 대가조차 착취당한 존재로 전락했음을 말한다.

이밖에 시적 화자에게 가해지는 수많은 정서적 고통의 폭력성은 여성이기 때문에, 특히 결혼을 통해 비롯되는 잔혹성에 여성의 지위가 얼마나 불행하고, 불안한 것인지를 잘 보여준다. 이러한 여성들의 위기를 '괄호 속 살이'라고 시적 화자는 비유한다. 그러므로 궁극적으로 괄호를 풀어헤쳐 나와야 한다고 말하는 것이다.

위의 작품은 시집살이의 고통스러움을 여성해방일지처럼 보여주며 봉건적인 삶에서 타자성을 극복하여 탈근대를 모색하고 있다. 시집살이를 시적 배경으로 한 여성성의 불안의식을 「국멸치」에서는 미묘한 정서로 형상화시켰다.

    한참을 버벅거렸다 많고 많던 식솔 그날따라 다 빠져나가고
    시부모님과 달랑 세 식구 남아 점심상 볼 일 아득하였다
    새색시 시절 시부모님과 겸상밥 엄두가 나지 않았는데,
    눈치챈 어머님 "어짠다냐 한 상에서 그냥저냥 뜨자?" 하셨다

    눈으로 들어가는지 코로 들어가는지 모를 조심스런 밥상머리
    된장국에서 건져 놓은 멸치를 시아버님께서 집어다 잡수시면서
    "뭐든 잘 먹어야 건강해야" 하셨다

    두 여자를 거느렸지만 다디단 삶은 아니어서 위태로움을 견뎌야 했던 지난날을 쓰다듬어 보시는지 진국도 골수도 다 빠져버린 당신 생 같은 국 멸치 대가리를 한참이나

우적우적 잡수셨다 입이 짧은 며느리에게 내보이는 옐로
카드처럼 사랑처럼
- 「국 멸치」 전문

  결혼제도는 여성이 남성의 집으로 들어가 시집살이를 하는 것이 일반적이다. 이 과정에서 생겨나는 어색함은 새로운 가족이 되었지만 낯선 사람들과의 만남으로 시적 화자는 "한참을 버벅거렸다"고 한다. 익숙하지 못해 자연스럽게 가족관계를 이어가지 못하는 것이다.

  이 작품의 배경은 시적 화자가 새색시 시절 "시부모님과 달랑 세 식구 남아 점심상"을 차리려 할 때이다. 시부모와 함께의 겸상이 엄두가 나지 않아 망서리자 시어머니가 "어짠다냐 한 상에서 그냥저냥 뜨자?" 하여 셋이서 식사를 하게 되니 "눈으로 들어가는지 코로 들어가는지 모를 조심스런 밥상"이 되었다. "된장국에서 건져 놓은 멸치를 시아버님께서 집어다 잡수시면서/"뭐든 잘 먹어야 건강해야" 하셨다" 시아버지는 "진국도 골수도 다 빠져버린 당신 생 같은 국 멸치 대가리를 한참이나 우적우적 잡수셨다 입이 짧은 며느리에게 내보이는 옐로 카드처럼 사랑처럼" 진국과 골수가 모두 빠져버린 국 멸치 대가리를 손수 잡수시는 모습이 시적 화자인 며느리에게는 "옐로카드"와 "사랑"으로 보여진다. 물론 시적 화자의 자의식에 의해 '아무거나 잘 먹어야 한다'며 입이 짧은 며느리에 대한 솔선수범이 지청구로 들리기도 하고, 더불어 며느리 사랑의 마음을 보여주는 것으로 받아들인다.

'시부모와 겸상하는 며느리'는 봉건적 가부장적 사회에서는 있을 수 없고 볼 수 없는 모습이다. 그러므로 시부모와 함께하는 겸상은 어색할 수밖에 없다. 시적 화자의 새색시 시대에는 이러한 모습이 그저 관습일지라도 새신부에게는 버겁고 어색한 풍경이다. 삶의 주체로서의 여성성은 사라지고 타자성만으로 개별성이 무시되는 모습이 어색함을 조성하여 "버벅거렸다"고 할 수 있는 것이다. 결과적으로 이 작품은 여성 주체를 둘러싼 새색시 시절의 역사적·사회적 맥락을 살펴보게 한다. 수십 년이 지난 오늘날에는 도저히 상상할 수 없는 사건이 될 것이다.

「달맞이꽃의 시간」은 시적 화자가 전지적 시점으로 "몇 해 전 미망인이 된 그녀"를 바라보며 여성성에 대해 깊이 천착하고 있다.

> 어둠 속에 드러난 낱낱의 비밀같이
> 주름진 시간을 고스란히 내어놓은 꽃망울들
>
> 몇 해 전 미망인이 된 그녀의 슬픔은
> 기억 속에 가라앉아 꽃잎이 되었다
>
> 한낮의 열기를 비켜서서
> 자신의 세계를 엮어 온 시간의
> 흩어진 퍼즐을 맞추게 하는 꽃잎이다

밤의 무대는
달 속에 간직한 그녀 혼자만의 비밀일까?

"언니 이것 좀 봐!
달맞이꽃이 수없이 피었어"

별빛이 총총 쏟아지자
농담 같은 그녀의 밤으로 노오란 달빛을 쏟아낸다
─「달맞이꽃의 시간」 전문

'달맞이꽃'은 '기다림'이라는 꽃말이 말해주듯 달을 맞이하기 위해 밤에 피는 꽃으로 알려졌다. 낮에 해를 향해 피어나는 해바라기처럼 밤에 달을 향해 피어난다. 이들 꽃들은 사랑하는 이를 향해 있으며 '기다림'이라는 시간의 연속성을 함의하고 있다. 시적 화자는 달맞이꽃에 대해 "어둠 속에 드러난 낱낱의 비밀같이/주름진 시간을 고스란히 내어놓은 꽃망울"이라고 한다. 사물의 비밀을 드러내는 '빛'을 감춘 어두운 밤에 비밀한 주름진 시간들을 드러내는 것이 달맞이꽃이다. 즉, 미망인이 된 그녀의 지난한 시간을 내포하고 있다. 그러므로 "그녀의 슬픔은/기억 속에 가라앉아 꽃잎이 되었다"고 하는 것이다. 달맞이꽃과 미망인을 동일화하고 있음을 알 수 있다. "한낮의 열기를 비켜서서/자신의 세계를 엮어 온 시간의/흩어진 퍼즐을 맞추게 하는 꽃잎"은 미망인이 견딘 슬픔의 시간들이 마치 달맞이꽃잎으로 피어난 것과 같음을 비유적으로 형상화하였다. 그녀가 살아온 무대가 밤의 시간 같은 것이었다면 "달 속에 간직한 그녀 혼자만의 비밀일"지도 모른다. 남편을 잃고, 남편을 그리워하는 일이 달맞이꽃이 달을 바라보는 것과 비견된다. 그러므로 "언니 이것 좀 봐!/달맞이꽃이 수없이 피었어"라고 동병상련의 달맞이꽃에 대한 유대감으로 "농담 같은 그녀의 밤으로 노오란 달빛을 쏟아"내는 별이 총총한 밤에 그녀는 깨어나는 것이다. 이 작품은 달맞이꽃처럼 '밤'이라는 상징적인 공간을 무대삼아 살아가는 미망인의 삶을 형상화하였다.

이밖에 「불면」에서는 주체적 여성성을 드러내려는 의지를 보여준다. 이 작품은 수면장애를 겪고 있는 시적 화자의 친구에 대해 동병상련의 감정을 느끼면서도 서로가 일상이 바빠 안부조차 묻지 못하고 보내버린 날들, 그런 상황에서 뒤척이며 안부를 전하는 심리기제가 작동하고 있다. "잠은 잘 자는지, 아프지 않은지/아이들 잘 있지 같은 생각"을 하는 것과 "밤새 토막낸 생각을 복원하여 내비친 속뜻이/그에게 다가갈 수 있을까"에서 보듯, 친구를 걱정하는 마음들이 그것을 말해준다. 그리고 "나의 무사를 바라는 너의 하루는 교집합"일 것이라는 시적 화자의 생각에서 수많은 상념에 잠긴 복잡한 심사가 엿보인다. 주체적인 여성성에 다가가려는 몸부림의 과정이 이 작품 전면에서 나타나 있다.

앞에서 살펴본 작품들은 여성 주체의 타자성을 형상화시킨 시편들이다. 그러나 다음의 「공손한 시간」은 이를 극복하고자 하는 의지를 적극적으로 드러내고 있다는 측면에서 매우 값진 작품이다. 이 작품은 시적 화자가 양파를 요리하기 위해 양파망 속에 있는 양파를 꺼내는 행위로부터 전개된다. 물컹한 양파의 껍질을 벗기며 썩어가면서도 비명을 지르지 못한 양파의 처지에서 "시간의 귀퉁이로 몰린 삶은 가슴에 못 박고 사는 일"에 대해서 생각하기에 이른다. 양파뿐만 아니라 간암으로 죽어가는 아비에게 사과 한 쪽을 입에 넣어줄 수 있기를 기도하면서 "떼지 못한 눈빛으로 기도한 적"이 있는 시적 화자의 간절함을 되살린다. "숨 다 할 때까지 서로 감싸줄 요량으로/매운 눈물 따위 찍어내지 않는 모습은/시든 양파 같은 사람들에게도 고통의 신비일 뿐"임을 깨닫는다. 예수 수난의 아픔을 나누는 가톨릭에서의 기도처럼, 썩어가는 양파처럼, 즉 죽어가는 사람에게 사과 한쪽을 내미는 간절함에 "하잘 것 없는 내 비명 따위 꼬리를 감추고만 싶었다"는 고백을 통해 시적 화자의 고통은 지극히 사소한 것이라는 깨달음을 말해준다. 성숙한 삶에 다가가고자 하는 화자의 진술이 설득력을 얻는다.

5.
차행득 시인의 시집 『공손한 시간』에서는 유독 가족사와 관련된 작품들이 눈에 띤다. 부모님과 오빠, 그리고 언니에 대한 시편들이 그것들이다. 시인들에게 가족사가 시 속에 자주 등장하는 것은 '가족'이라는 혈연을 통해 뗄 수 없는 관계의 흐름이 이어지기 때문이다. 유년의 가족에 대한 기억에서는 시인이 성장한 후에도 의식에 작용할 수밖에 없는 까닭이며, 혈연의 유대관계 속에서도 시인의 삶에 깊숙이 들어와 가족이 시인의 삶 자체의 일부가 되기 때문이다. 이러한 관계맺기를 떠나 인간에게 가족은 근원적으로 시공간 속에서 공통의 이야기를 공유하기도 하고 근원적으로 인지상정의 정서가 작용하기에 그리워하고 아파하고 괴로워하는 것이다.

차행득 시인의 가족애를 노래한 시편들에서는 어머니와 아버지를 비롯한 오빠와 언니에 대한 생각이 깃든 작품들이 있다. 다음의 시편은 아버지의 고단한 일생을 노래하고 있다.

방천을 쌓기 위해
휜 다리를 저춤저춤 끌고 간다

후줄근히 젖은 술주전자
담배 한 개비에 불을 붙여 피워 올릴 때
새참 같은 당신 꿈 묻지 못했다

가난의 둑을 막기 위해
잠시 앉을 새 없던 분주한 산 아래서
벼들이 옹골차게 여물때까지
갈비뼈 드러난 옆구리로 물고랑 내던
당신의 손발은 다섯 아들의 강물이었다

벗어둔 고무신에는 아버지의 고단함과 내 은밀한
슬픔이 고여있었다

강제 징용과 하루하루 생을 치러낸 슬픈 근대사였던
고단함 켜켜이 껴입고
홍수에도 까딱없던 둑이 되었던 아버지

산아래 산 같았던
오봉산 푸른 능선 꽃봉오리들
오늘은 기지개를 켜고 꽃트림을 한다
- 「산 아래 높은 산」 전문

아버지의 일생은 우리의 근현대사의 단면을 고스란히 보여준다. "강제 징용과 하루하루 생을 치러낸 슬픈 근대사"라고 시적 화자인 시인이 스스로 밝히고 있는데, "흰 다리를 저춤저춤 끌고" "가난의 둑" "갈비뼈 드러난 옆구리"가 말해주듯 아버지의 삶은 "벗어둔 고무신에는 아버지의 고단함"이 담겨있었다. 가족을 위해 "방천을 쌓"아야 하고, "가난의 둑을 막"아야 하고, "물고랑을 내"어야 했다. 이러한 아버지는 "새참 같은 당신 꿈 묻지 못했"는데, 아버지는 "다섯 아들의 강물이었"고, "홍수에도 까딱없던 둑"이라고 하는 시적 은유가 함의하는 커다란 산과 같은 존재였다. 그러므로 "오봉산 푸른 능선 꽃봉오리들/ 오늘은 기지개를 켜고 꽃트림을 한다"고 한다. 이제는 세상을 떠난 아버지가 잠든 오봉산 푸른 능선에서 꽃으로 피어나 꽃트림을 한다고 시적 화자는 믿는 것이다.

 이 작품 속에서 시적 화자는 아버지의 고단한 삶을 바라보며 슬퍼한다. 그런 까닭에 아버지가 떠난 이후 회상하면서 '산 아래 높은 산'이라는 시제에서 짐작할 수 있듯 아버지를 '높은 산'으로 비유하며, 아버지의 존재를 그리워하고 있는 것이다.

「삐비꽃」은 어머니에 대한 그리움을 노래한 작품이다.

> 2년을 앞서가신 아버지가
> 어머니 상석에 제사 음식 올리는 모습을
> 꿈에 본 아들
> 한달음에 묘소 찾아 머리를 조아리다
> 뒤통수가 땅겨서 돌아보니
> 하얀 어머니가
> 가늘가늘 흔들리고 있습니다
>
> 비자나무 돌배나무 그늘에서
> 찬밥에 물을 말아 허기를 때우시던
> 어머니가
>
> 바람이 불어오자
> 서둘러 허공에 흩어지며
> 아그들아 밥 잘 먹고 간다고
> 가뭇없이 훨훨 날아가셨습니다.
>
> ―「삐비꽃」전문

아버지가 돌아가신 후 이태 후 어머니도 세상을 떠나셨는가 보다. 아버지가 "어머니 상석에 제사 음식 올리는" 꿈을 꾼 아들이 어머니 묘소에 가 "머리를 조아리다/뒤통수가 땅겨서 돌아보니/하얀 어머니가/가늘가늘 흔들리고 있"었다고 한다. 돌아가신 부모님이 선뜻하게 되면 흔히 부모님이 자식을 그리워하는 것이라고 믿는다. 이 작품에서도 아들, 즉 시적 화자의 친동기가 어머니 묘를 찾아가 머리를 조아리자 어머니가 "비자나무 돌배나무 그늘에서/찬밥에 물을 말아 허기를 때우시"고는 바람결에 사라진다. 물론 현실에서는 있을 수 없는 어머니와의 만남은 시인의 의식 속에서 일어나는 일일 뿐이다. 그럼에도 그렇다고 믿는 것은 사무치게 어머니가 그리웁기 때문에 시적 상상력을 통해 어머니를 현현시키는 것이다. 찬밥에 물 말아 먹는 일은 생전의 어머니의 일상일 수도 있다. 맛있게 밥을 먹고 "아그들아 밥 잘 먹고 간다"고 허공에 흩어지는 어머니의 모습을 그리는 것은 시적 화자의 그리움이 간절하기 때문일 것이다.

가족사를 노래한 차행득 시인의 시편에서 가장 많이 나타나는 사람이 '오빠'이다. 시인의 오빠는 어쩌면 시인에게는 커다란 믿음이었기에 더욱 큰 상처와 그리움의 대상으로 작용하고 있는 것일게다. 차행득 시인의 시를 통해 나타나는 오빠에 관한 에피소드는 다양하다. 오빠와는 매우 친밀한 형제애를 나눈 것으로 보여진다. "시한부 같은 날들 속에 오히려 동생들 걱정하는 울오빠"로 시인의 가슴속 깊은 곳에 남아있다. 오빠에 대한 애틋함은 이제 시인에게는 그리움과 아픔의 상흔을 같이하는 대상이다.

>생전에 남의 앞만 비추느라
>핏줄 나눈 동기간에겐 빛은커녕
>맹물 인심 한번 써 본 일 없이
>엄격하기만 하던 큰오빠
>
>얼마나 껄쩍지근했으면
>저리 환한 웃음 선사하고 있을까
>
>단단한 대들보 하나 세우기 위해
>허둥거린다는 걸 뻔히 알기에
>볼멘소리 한번 없이
>애써 무심한 듯 모른 척만 했었다
>
>강동 팔십 리는 갈 것 같던
>웃음꽃 울타리 그늘 내막에서
>한 점 슬픔 없이 묻혀 지낸 세월이
>상현上弦처럼 환하고 향기로웠다고,
>마지막 귀엣말 전하던 날
>
>떨리는 내 목소리에
>어깨를 들썩이며 흐느끼던 오빠
>저리 환한 웃음으로 눈앞에 둥실 떠 있었네
>   -「슬픔 없는 향기」 전문

오빠가 세상을 떠난 후 추억하는 이 작품 속에는 슬픔의 정서가 질펀하다. "엄격하기만 하던 큰오빠"는 생전에 형제들보다는 남의 앞만 비춘 사람이다. 그러므로 시적 화자에게는 불편한 인식을 갖게 할 수도 있다. 그럼에도 불구하고 세상 떠나기 전에 "한 점 슬픔 없이 묻혀 지낸 세월이/상현上弦처럼 환하고 향기로웠다고," 마지막 말을 전한 것을 떠올린다. 오빠가 "단단한 대들보 하나 세우기 위해/허둥거"렸다는 것이 무슨 의미인지는 구체적으로 나타나 있지 않지만 자신의 꿈을 좇는 삶을 살았음을 짐작할 수 있다. 오빠가 떨리는 목소리로 어깨를 들썩이며 마지막으로 남긴 말을 오래 기억하며 '강동 팔십 리'로 의미화 된 오빠의 덕을 쌓은 삶을 잊지 않고 추억한다. 그러므로 시적 화자는 떠오르는 상현上弦의 "저리 환한 웃음으로 눈앞에 둥실 떠 있었네"라고 말할 수 있는 것이다.

이밖에 시인은 언니에 관한 기억들도 소환한다. 「누룽지 인생」에서 언니의 "가장 낮은 복판에 깔려/뜨겁게 파삭거려야 했던 그녀의 삶"이라며 풀리지 않은 삶을 누룽지에 비유하고 있다. 결국 찬밥 같았지만 "끓이면 끓일수록 구수해지"는 것이 '누룽지 인생'이라고 언니의 삶을 긍정적으로 해석한다.

살펴보았듯이 차행득 시인의 가족사를 형상화시킨 시편들은 대부분 슬픔의 정조가 시의 기저를 적시고 있지만, 결과적으로는 연민을 시의 질료로 삼고 있다. 부모와 형제라는 가족간의 유대는 서로의 삶에 강물처럼, 핏줄처럼 뗄 수 없는 관계를 형성하여 서로의 삶에 깊숙이 작용하고 있음을 보여준다.